Impressum
Verlag: BABADADA GmbH, Nedderfeld 112 , 22529 Hamburg
Geschäftsführer / Verlagsleitung: Harald Hof
Druck: Books on Demand GmbH, In de Tarpen 42, 22848 Norderstedt

Imprint
Publisher: BABADADA GmbH, Nedderfeld 112 , 22529 Hamburg, Germany
Managing Director / Publishing direction: Harald Hof
Print: Books on Demand GmbH, In de Tarpen 42, 22848 Norderstedt

sekolah

școală

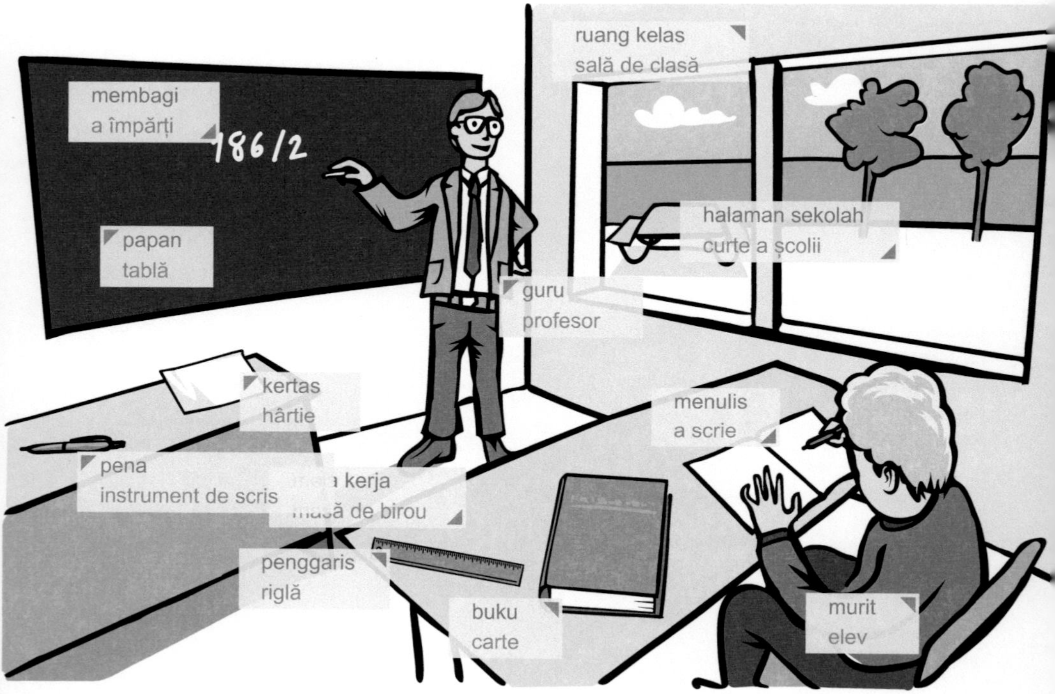

ruang kelas
sală de clasă
membagi
a împărți
186/2
papan
tablă
halaman sekolah
curte a școlii
guru
profesor
kertas
hârtie
menulis
a scrie
pena
instrument de scris
kerja
de birou
penggaris
riglă
buku
carte
murit
elev

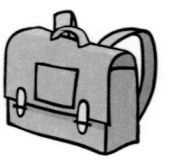

tas sekolah

ghiozdan

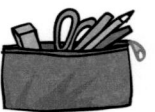

tempat pensil

penar

pensil

creion

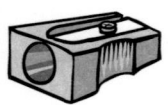

pengasah pensil

ascuțitoare

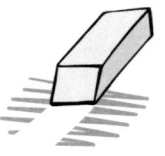

penghapus

radieră

kertas gambar

bloc de desen

gambar

desen

kuas

pensulă

kotak cat

cutie de acuarele

gunting

foarfece

lem

lipici

buku latihan

caiet de exerciții

pekerjaan rumah

temă

angka

număr

tambhakan

a aduna

mengurangi

a scădea

mengalikan

a multiplica

menghitung

a calcula

huruf

literă

alfabet

alfabet

kata

cuvânt

teks

text

membaca

a citi

kapur

cretă

pelajaran

oră

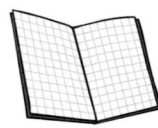

daftar

catalog

ujian

examen

sertifikat

certificat

seragam sekolah

uniformă școlară

pendidikan

educație

ensiklopedi

enciclopedie

universitas

universitate

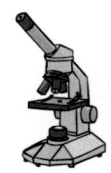

mikroskop

microscop

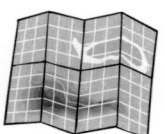

peta

hartă

tempat sampah

coș de gunoi

hotel
hotel

hostel
hostel

Grand

ROOMS

EXCHANGE

kantor pertukaran mata uang
casă de schimb valutar

koper
valiză

mobil
autovehicul

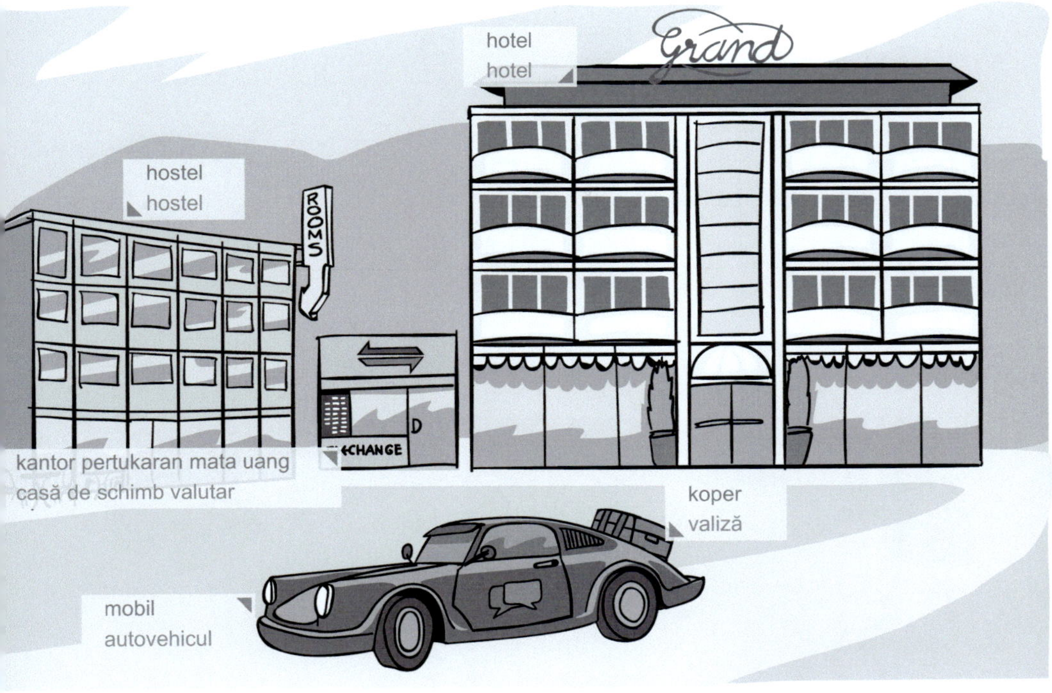

bahasa

limbă

ya / tidak

da/nu

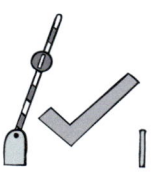

okay

okay

hallo

Bună!

penerjemah

interpret

terima kasih

mulțumesc

Berapa harganya…?

Cât costă…?

saya tidak mengerti

Nu înțeleg

masalah

problemă

Selamat malam!

Bună seara!

Selamat siang!

Bună dimineața!

Selamat tidur!

Noapte bună!

sampai jumpa

la revedere

arah

direcție

bagasi

bagaj

tas

geantă

ransel

rucsac

tamu

oaspete

ruang

cameră

kantong tidur

sac de dormit

tenda

cort

perjalanan - călătorie

informasi wisata

unct de informare turistică

pantai

plajă

kartu kredit

carte de credit

sarapan

mic dejun

makan siang

masa de prânz

makan malam

cină

tiket

bilet de călătorie

elevator

lift

perangko

timbru poștal

perbatasan

graniță

cukai

vamă

kedutaan

ambasadă

visa

viză

paspor

pașaport

transportasi
transport

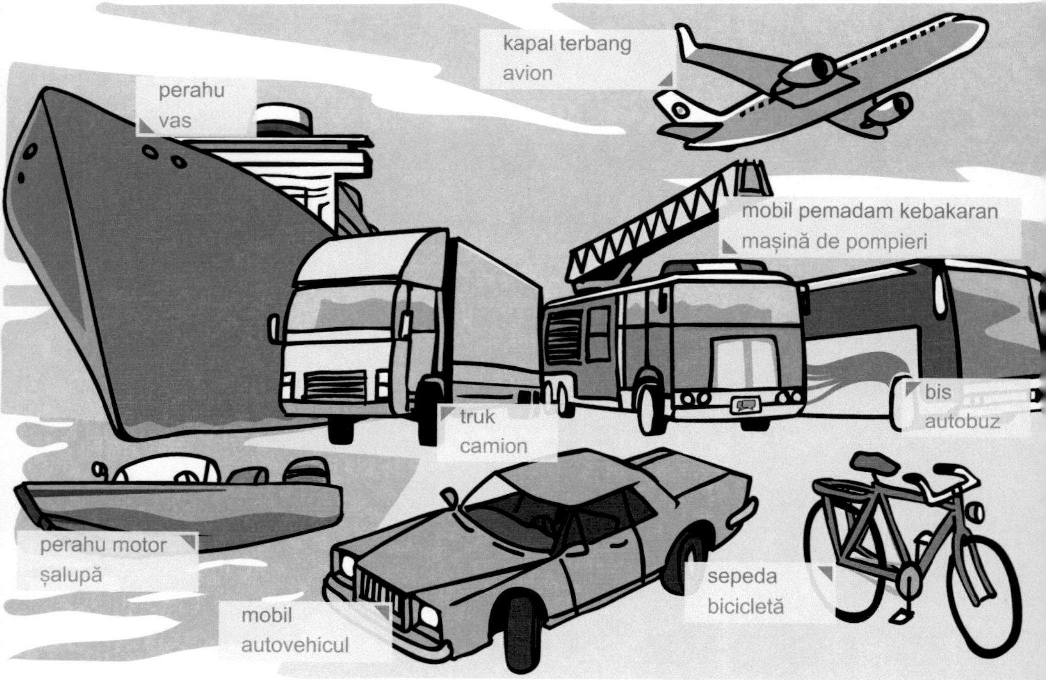

kapal terbang
avion
perahu
vas
mobil pemadam kebakaran
mașină de pompieri
bis
autobuz
truk
camion
perahu motor
șalupă
sepeda
bicicletă
mobil
autovehicul

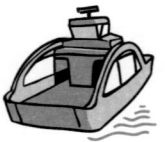

feri

feribot

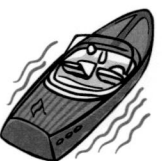

perahu

barcă

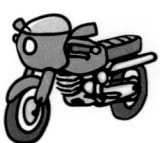

sepeda motor

motocicletă

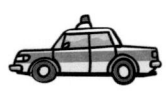

mobil polisi

mașină de poliție

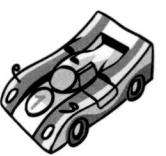

mobil balapan

mașină de curse

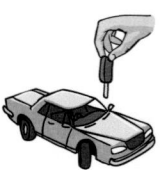

mobil sewa

mașină închiriată

berbagi mobil

car sharing

truk derek

mașină de tractat

truk sampah

mașină de gunoi

motor

motor

bahan bakar

combustibil

bensin

benzinărie

tanda lalulintas

semn de circulație

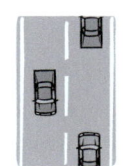

lalulintas

trafic

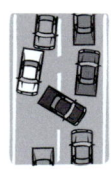

macet

ambuteiaj

parkir mobil

parcare

stasiun kereta

gară

trek

șine

kereta api

tren

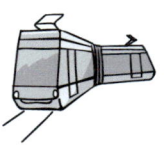

tram

tramvai

gerobak

vagon

helikopter

elicopter

bendara

aeroport

menara

turn

penumpang

pasager

container

container

karton

carton

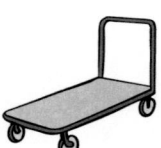

troli

căruţă

keranjang

coş

berangkat / mendarat

a decola/a ateriza

kota

oraş

desa

sat

pusat kota

centru

rumah

casă

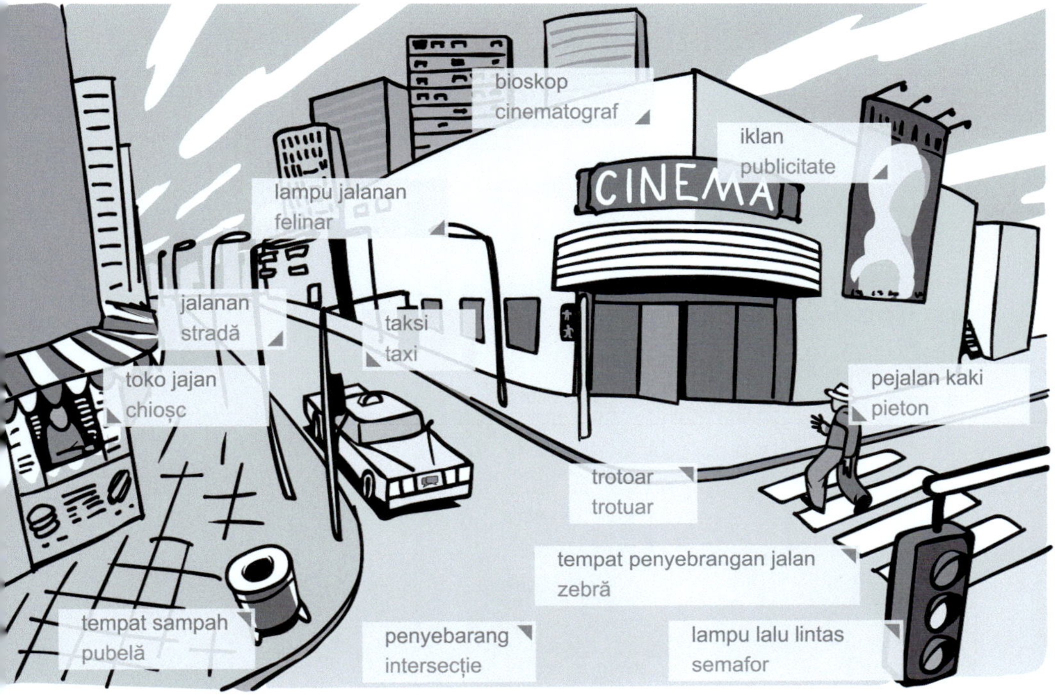
bioskop
cinematograf
iklan
publicitate
CINEMA
lampu jalanan
felinar
jalanan
stradă
taksi
taxi
toko jajan
chioșc
pejalan kaki
pieton
trotoar
trotuar
tempat penyebrangan jalan
zebră
tempat sampah
pubelă
penyebarang
intersecție
lampu lalu lintas
semafor

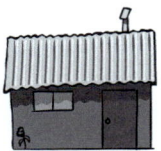

gubuk

cabană

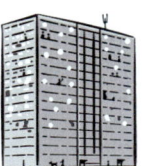

rumah flat

apartament

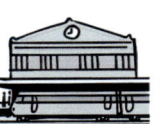

stasiun kereta

gară

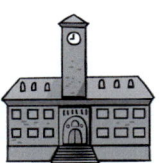

balai kota

primărie

MUSEUM

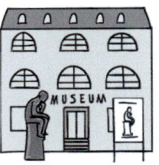

museum

muzeu

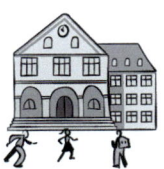

sekolah

școală

universitas

universitate

bank

bancă

rumah sakit

spital

hotel

hotel

farmasi

farmacie

kantor

birou

toko buku

librărie

toko

magazin

toko bunga

florărie

supermarket

supermarket

pasar

piață

toko serba ada

magazin universal

nelayan

comerciant de pește

pusat belanja

centru comercial

pelabuhan

port

taman

parc

banku

bancă

jembatan

pod

tangga

trepte

kereta bawah tanah

metrou

terowongan

tunel

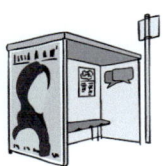

pemberhantian bis

stație de autobuz

bar

bar

restauran

restaurant

kotak surat

cutie poștală

tanda jalan

tăbliță indicatoare cu
numele străzii

meteran parkir

parcometru

kebun binatang

grădină zoologică

kolam renang

piscină

mesjid

moschee

pertanian

gospodărie țărănească

polusi

poluare

kuburan

cimitir

gereja

biserică

tempat bermain

loc de joacă

pura

templu

pemandangan
peisaj

daun
frunză

penunjuk arah
indicator

jalanan
drum

padang rumput
pajiște

batu
piatră

pejalak kaki
drumeț

pohon
copac

sungai
râu

rumput
iarbă

bunga
floare

14

lembah

vale

bukit

deal

danau

lac

hutan

pădure

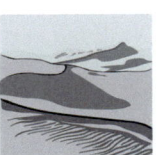

padang gurun

deșert

gunung berapi

vulcan

istana

castel

pelangi

curcubeu

jamur

ciupercă

pohon palem

palmier

nyamuk

țânțar

lalat

muscă

semut

furnică

lebah

albină

laba-laba

păianjen

kumbang

gândac

kodok

broască

tupai

veveriță

landak

arici

kelinci

iepure

burung hantu

bufniță

burung

pasăre

angsa

lebădă

babi jantan

porc mistreț

rusa

cerb

rusa

elan

bendungan

dig

turbin angin

turbină eoliană

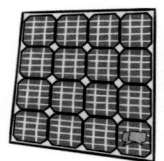

panel surya

panou solar

iklim

climă

restauran
restaurant

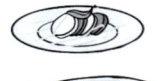

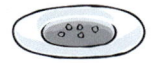

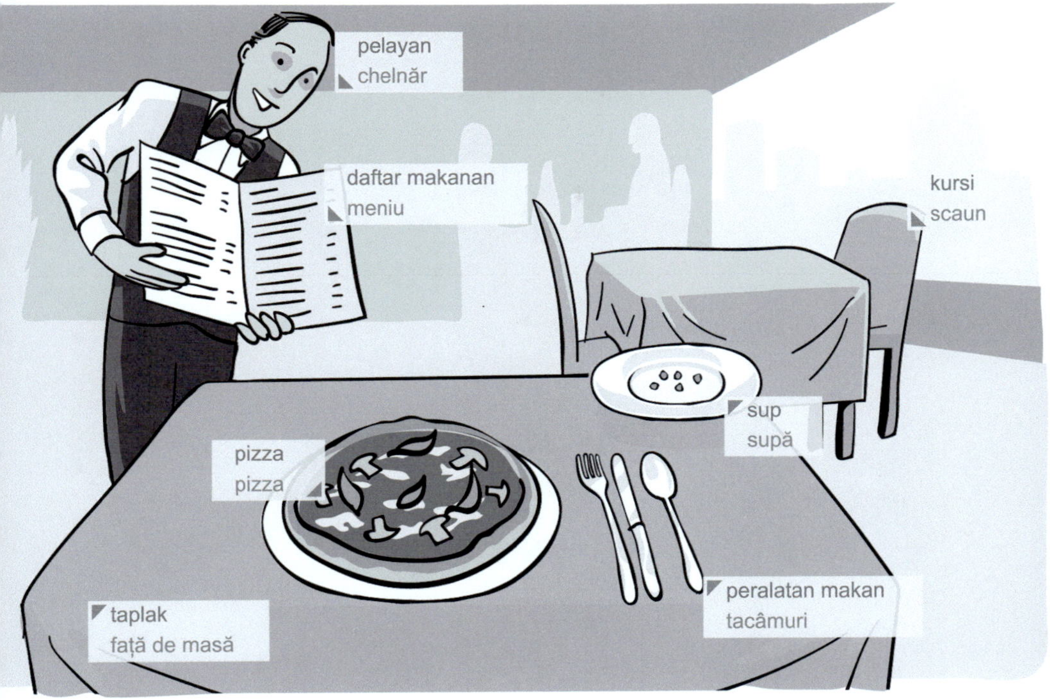
pelayan
chelnăr
daftar makanan
meniu
kursi
scaun
sup
supă
pizza
pizza
peralatan makan
tacâmuri
taplak
față de masă

hindangan pembuka

antreu

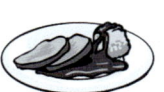

hidangan utama

fel principal

hidangan penutup

desert

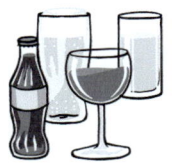

minuman

băuturi

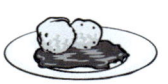

makanan

mâncare

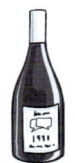

botol

sticlă

fastfood

fastfood

masakan jalanan

streetfood

teko teh

ceainic

kaleng gula

zaharniță

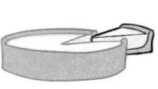

porsi

porție

mesin espresso

espressor

kursi tinggi

scaun înalt (pentru copii)

tagihan

factură

baki

tavă

pisau

cuțit

garpu

furculiță

sendok

lingură

sendok teh

linguriță

serbet

șervețel

gelas

pahar

piring

farfurie

piring sup

farfurie de supă

lepek

farfurie

saus

sos

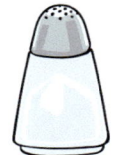

tempat garam

solniță

gilingan merica

râșniță de piper

cuka

oțet

minyak

ulei

bumbu

condimente

saus tomat

ketchup

mustar

muștar

mayones

maioneză

supermarket

supermarket

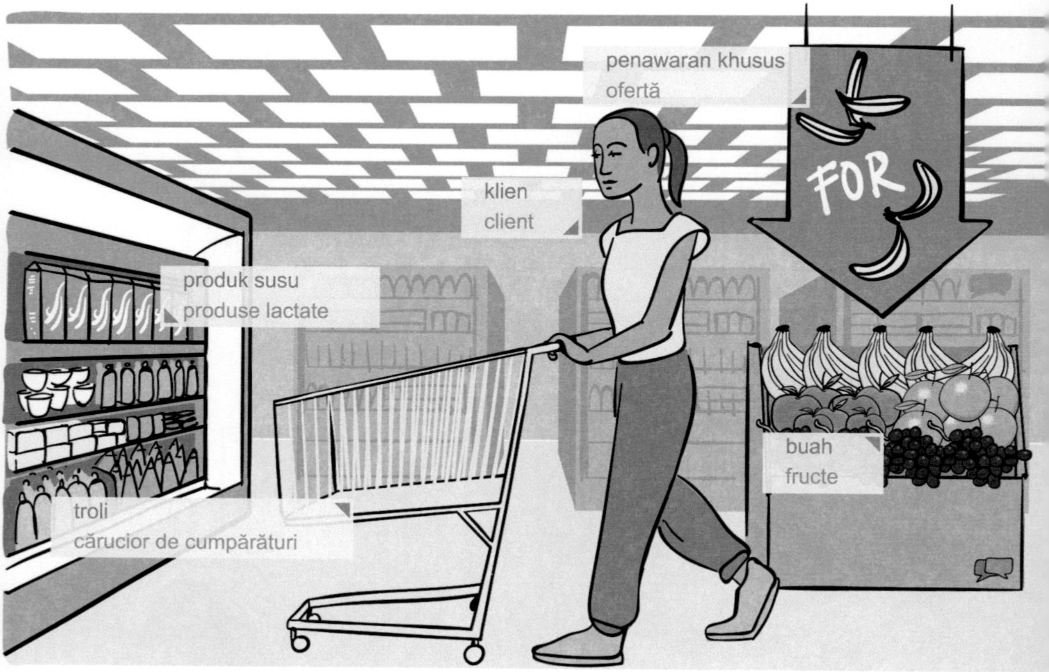

penawaran khusus
ofertă
FOR
klien
client
produk susu
produse lactate
buah
fructe
troli
cărucior de cumpărături

BUTCHERS

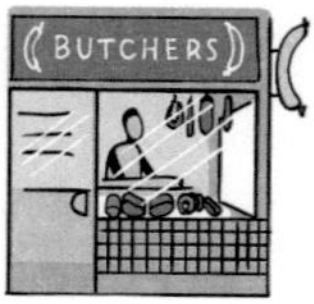

pembantai

măcelărie

BAKERY

toko roti

brutărie

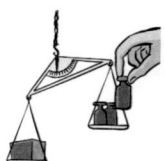

menimbang

a cântări

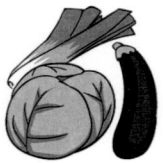

sayur

legume

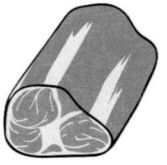

daging

carne

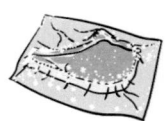

makanan beku

alimente refrigerate

pemotongan dingin

mezeluri și brânzeturi feliate

makanan kaleng

conserve

sabun serbuk

detergent

permen

dulciuri

alat-alat rumah tangga

articole de menaj

obat pembersihan

produse de curățenie

penjual

vânzătoare

kasa

casă

kasir

casier

daftar belanja

listă de cumpărături

jam buka

orar

dompet

portmoneu

kartu kredit

carte de credit

tas

geantă

kantong plastik

pungă de plastic

air
apă

jus
suc

susu
lapte

cola
cola

anggur
vin

bir
bere

alkohol
alcool

coklat
cacao

teh
ceai

kopi
cafea

espresso
espresso

cappucino
cappucino

pisang

banane

apel

măr

jeruk

portocală

semangka

pepene

jeruk lemon

lămâie

wortel

morcov

bawang putih

usturoi

bambu

bambus

bawang bombai

ceapă

jamur

ciupercă

kacang

nuci

mi

paste făinoase

spagetti

spagheti

nasi

orez

salat

salată

kentang goreng

cartofi prăjiți

kentang goreng

cartofi țărănești

pizza

pizza

hamburger

hamburger

sandwich

sandwich

sayatan

șnițel

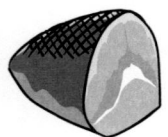

ham

șuncă

salami

salam

sosis

cârnați

ayam

pui

menggoreng

friptură

ikan

pește

bubur gandum

fulgi de ovăz

sereal

musli

cornflakes

cereale

tepung

făină

croissant

corn

roti

chifle

roti

pâine

toast

pâine prăjită

biskuit

biscuiți

mentega

unt

dadih

brânză de vaci

kue

prăjitură

telur

ou

telur goreng

ouă ochiuri

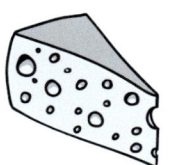

keju

brânză

eskrim

înghețată

gula

zahăr

madu

miere

selai

marmeladă

krim nugat

cremă nuga

kare

curry

pertanian
gospodărie ţărănească

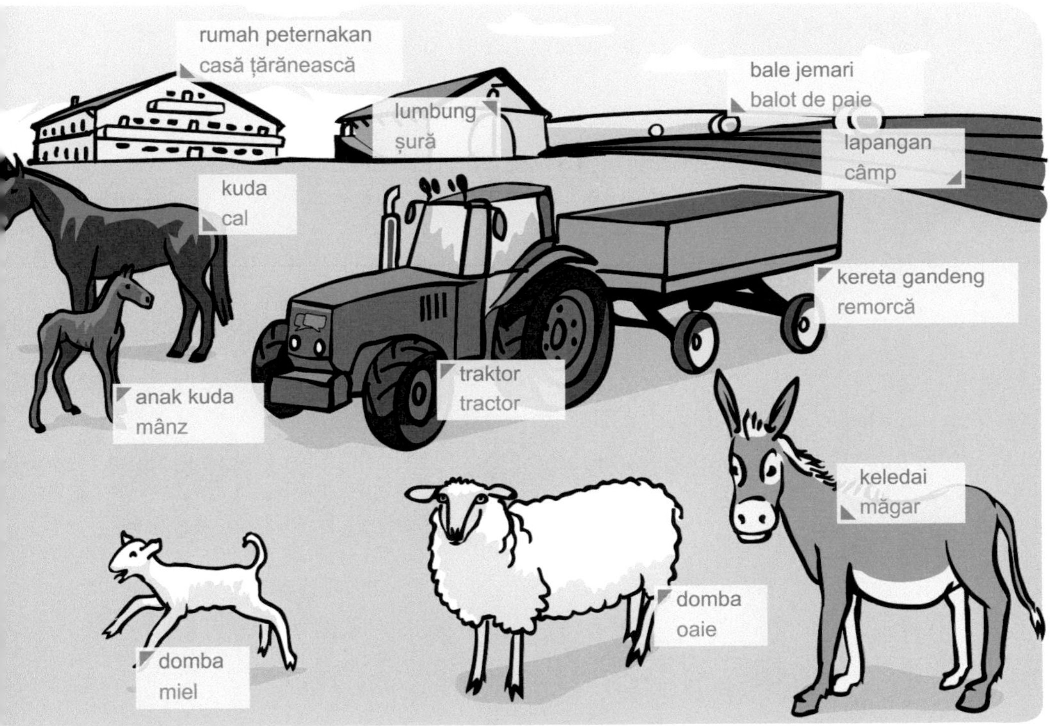
rumah peternakan
casă ţărănească
lumbung
şură
bale jemari
balot de paie
lapangan
câmp
kuda
cal
kereta gandeng
remorcă
traktor
tractor
anak kuda
mânz
keledai
măgar
domba
oaie
domba
miel

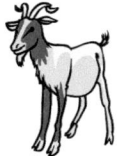

kambing
capră

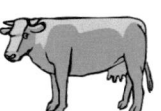

sapi
vacă

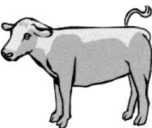

betis
viţel

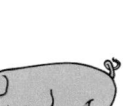

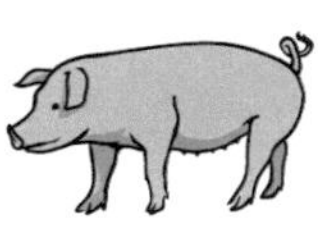
babi
porc

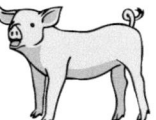

celeng
purcel

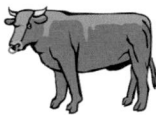

banteng
taur

angsa

găină

bebek

rață

anak ayam

pui

ayam

găină

ayam jantan

cocoș

tikus

șobolan

kucing

pisică

tikus

șoarece

lembu

bou

anjing

câine

rumah anjing

cușcă

selang

furtun de grădină

penyiram

stropitoare

sabit

coasă

bajak

plug

sabit

seceră

cangkul

sapă

garpu rumput

furcă

kapak

secure

gerobak

roabă

palung

troacă

kaleng susu

cană pentru lapte

karung

sac

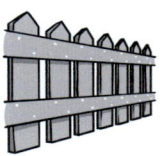

pagar

gard

kandang

grajd

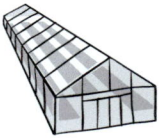

rumah kaca

seră

tanah

sol

benih

sămânță

pupuk

fertilizator

mesin pemanen

combină de treierat

panen

a culege

panen

recoltă

yams

cartof yam

gandum

grâu

kedelai

soia

kentang

cartof

jagung

porumb

lobak

rapiță

pohon buah

pom fructifer

singkong

manioc

sereal

cereale

pertanian - gospodărie țărănească

rumah

casă

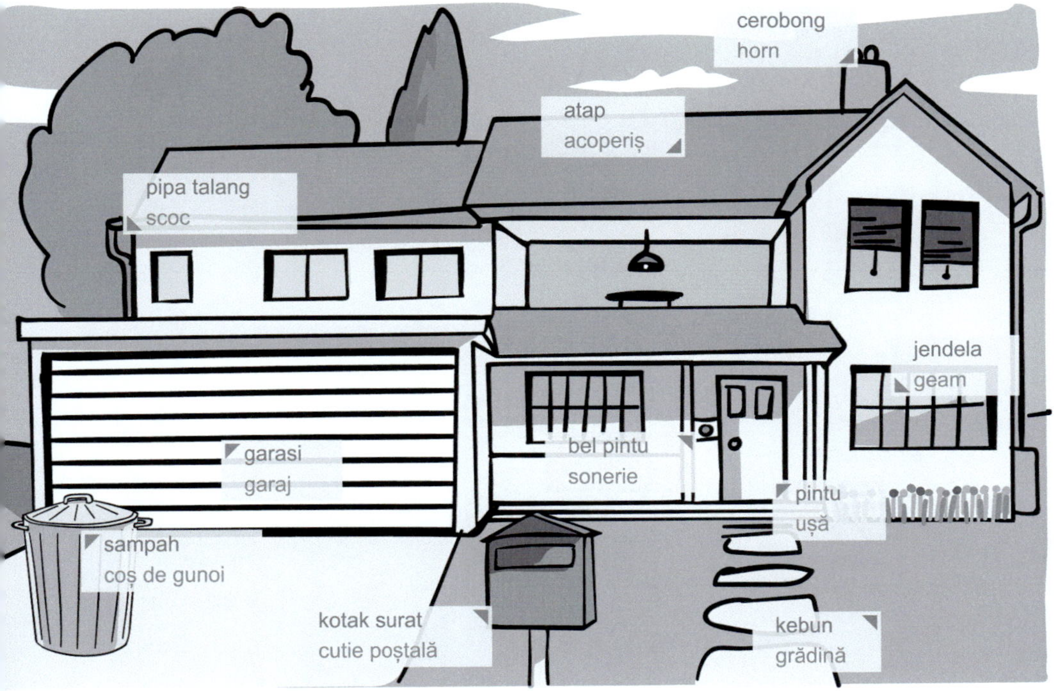

cerobong
horn
atap
acoperiș
pipa talang
scoc
jendela
geam
garasi
garaj
bel pintu
sonerie
pintu
ușă
sampah
coș de gunoi
kotak surat
cutie poștală
kebun
grădină

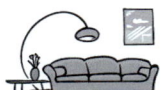

ruang tamu

camera de zi

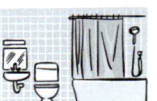

kamar mandi

baie

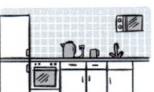

dapur

bucătărie

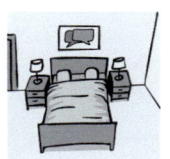

kamar tidur

dormitor

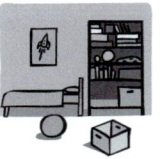

kamar anak

camera copiilor

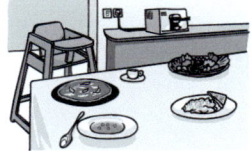

kamar makan

sufragerie

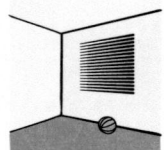

lantai

podea

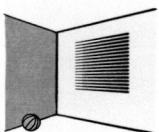

tembok

perete

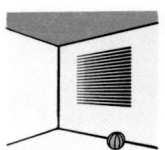

atap

tavan

gudang di bawah tanah

pivniță

sauna

saună

balkon

balcon

teras

terasă

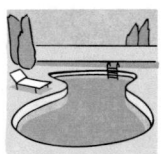

kolam renang

piscină

mesin pemotong rumput

mașină de tuns iarba

sprei

cearșaf

selimut

cuvertură

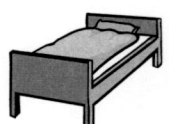

tempat tidur

pat

sapu

mătură

ember

găleată

tombol

întrerupător

ruang tamu
cameră de zi

kertas dinding
tapet
gambar
pictură
lampu
lampă
rak
raft
kabinet
dulap
televisi
televizor
perapian
șemineu
bunga
floare
bantal
pernă
sofa
sofa
vas
vază
remote control
telecomandă

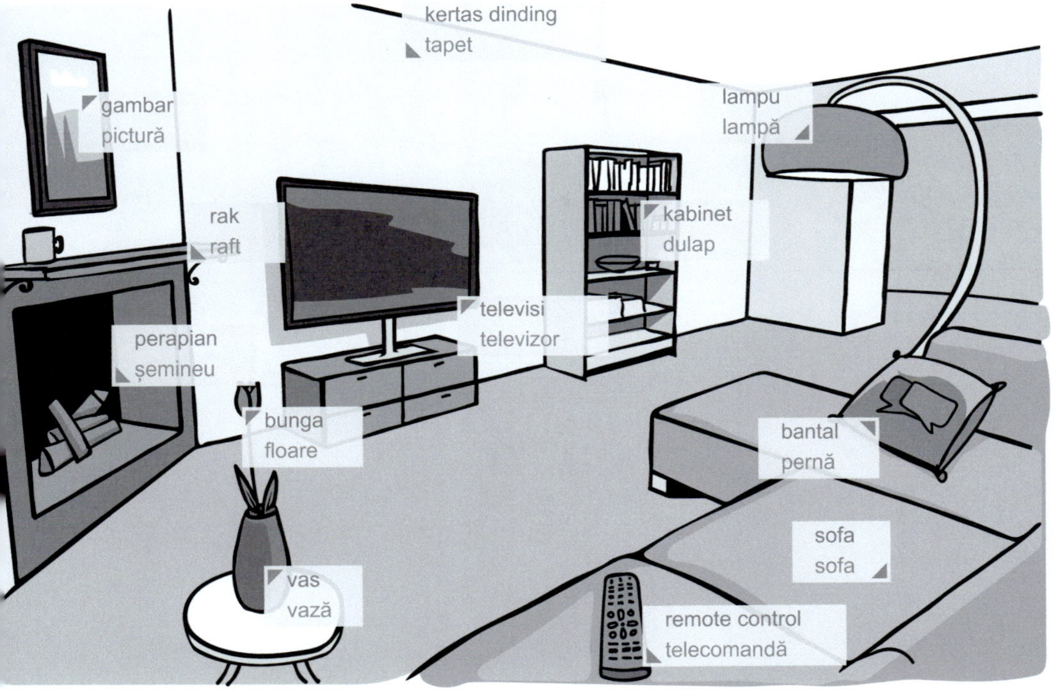

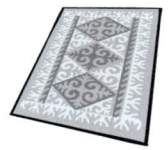

karpet

covor

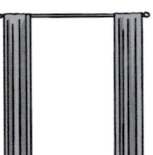

korden

perdea

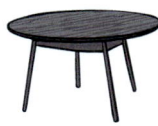

meja

masă

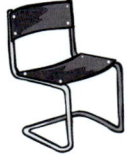

kursi

scaun

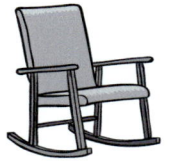

kursi goyang

balansoar

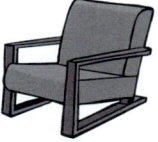

kursi malas

fotoliu

buku

carte

selimut

pătură

dekorasi

decoraţiune

kayu bakar

lemn de foc

filem

film

hi-fi

instalaţie stereo

kunci

cheie

koran

ziar

lukisan

desen

poster

poster

radio

radio

buku tulis

caiet de notiţe

penyedot debu

aspirator

kaktus

cactus

lilin

lumânare

dapur
bucătărie

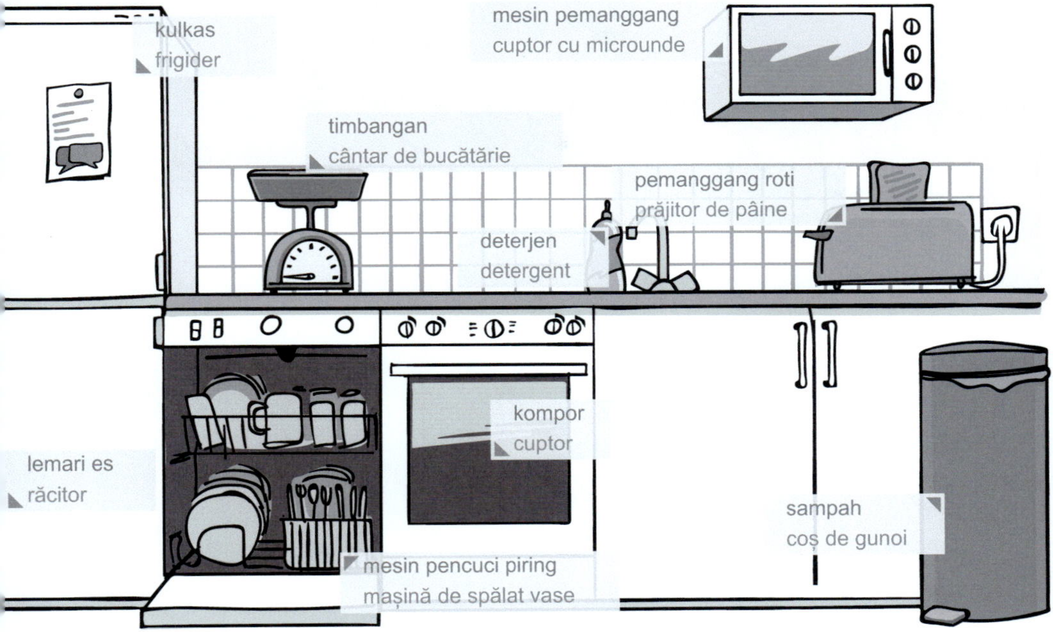
kulkas
frigider
mesin pemanggang
cuptor cu microunde
timbangan
cântar de bucătărie
pemanggang roti
prăjitor de pâine
deterjen
detergent
kompor
cuptor
lemari es
răcitor
sampah
coș de gunoi
mesin pencuci piring
mașină de spălat vase

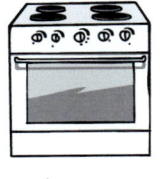

kompor
cuptor

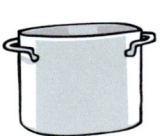

panci
oală

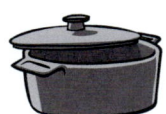

panci besi
oală de metal

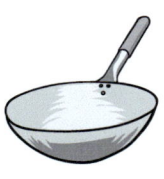

wajan
wok/kadai

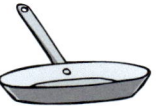

panci
tigaie

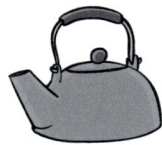

pemanas air
ceainic

panci pengukus makanan

oală de gătit cu aburi

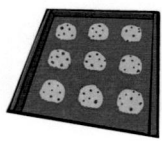

nampan

tavă de copt

piring

veselă

cangkir

pahar

mangkok

bol

sumpit

bețișoare

sendok sup

polonic

sudip

spatulă

mengocok

tel

saringan

sită

saringan

sită

parutan

răzătoare

mortir

mojar

barbeque

grătar

api terbuka

loc pentru grătar

papan memotong

tocător

gilingan

sucitor

alat pembuka botol

tirbușon

kaleng

conservă

pembuka kaleng

deschizător de conserve

pegangan panci

șervete termice

wastafel

chiuvetă

sikat

perie

busa

burete

mesin pencampur

mixer

lemari es

ladă frigorifică

botol bayi

biberon

keran

robinet

kamar mandi

baie

mandi
duș
mesin pemanas
încălzire
handuk
prosop
tirai kamar mandi
perdea de duș
mandi busa
baie cu spumă
bak mandi
cadă
gelas
pahar
mesin cuci
mașină de spălat
keran
robinet
ubin
gresie
pispot
oală de noapte
wastafel
chiuvetă

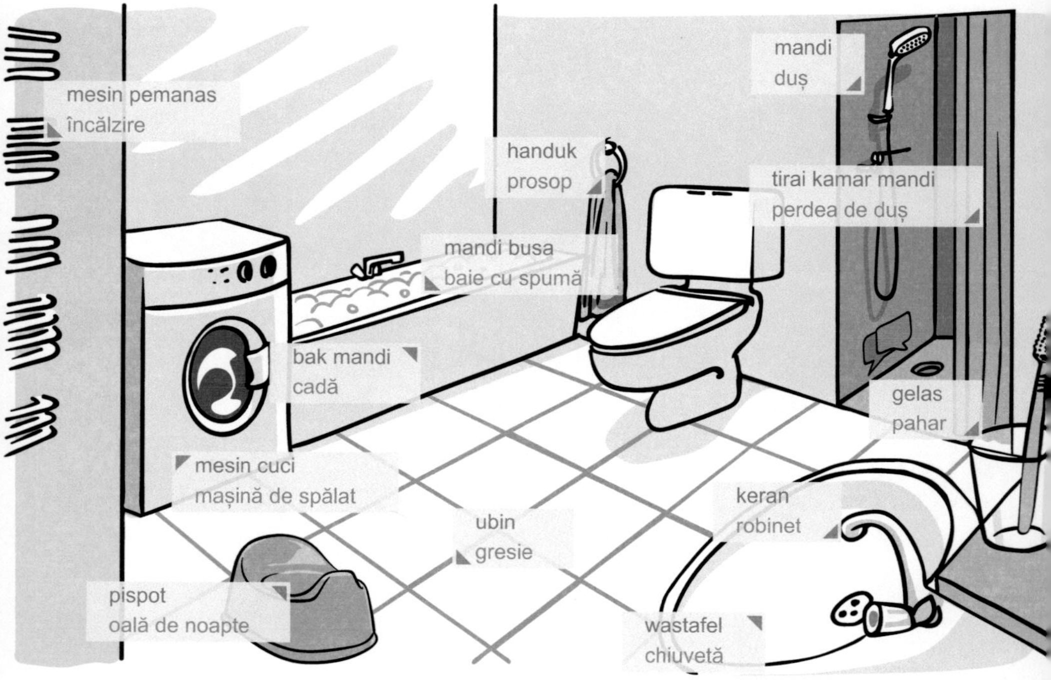

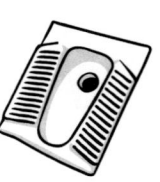

toilet

toaletă

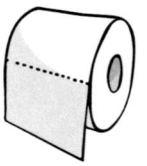

toilet jongkok

toaletă turcescă

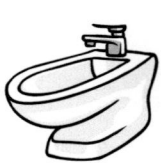

bidet

bideu

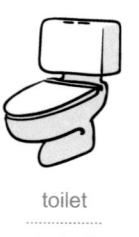

pissoir

pisoir

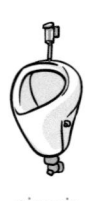

kertas toilet

hârtie igienică

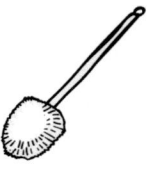

sikat toilet

perie de toaletă

sikat gigi

periuță de dinți

pasta gigi

pastă de dinți

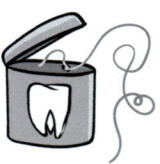

benang gigi

ață dentară

menyuci

a spăla

pancuran tangan

cap de duș

pancuran

duș intim

bak

lavoar

sikat punggung

perie pentru spate

sabun

săpun

gel mandi

gel de duș

sampo

șampon

planel

cârpă de spălat

kuras

scurgere

krim

cremă

deodoran

deodorant

kaca

oglindă

cermin tangan

oglindă cosmetică

pisau cukur

aparat de ras

busa cukur

spumă de ras

aftershave

aftershave

sisir

pieptene

sikat

perie

alat pengering rambut

uscător de păr

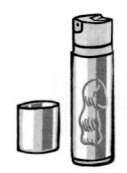

semprot rambut

fixator

makeup

machiaj

lipstik

ruj

cat kuku

lac de unghii

kapas

vată

gunting kuku

foarfece de unghii

minyak wangi

parfum

kantong pencuci

neseser

bangku

taburet

timbangan

cântar

mantel mandi

halat de baie

sarung tangan karet

mănuși de cauciuc

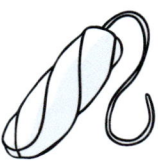

tampon

tampon

handuk pembalut

tampon

toilet kimia

toaletă chimică

kamar anak

camera copiilor

jam alarm
ceas deșteptător
boneka tidur
jucărie de pluș
mobil-mobilan
mașină de jucărie
kelintung
morișcă
rumah boneka
casă de păpuși
kado
cadou

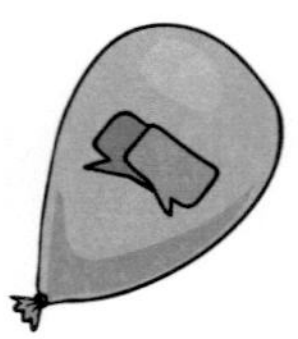

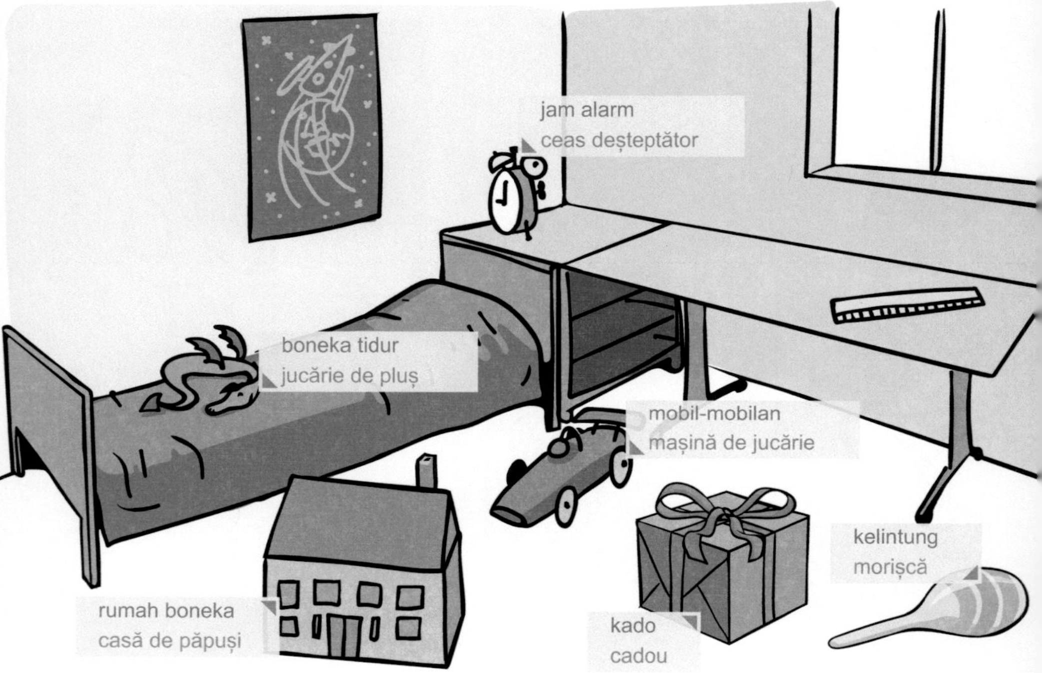

balon

balon

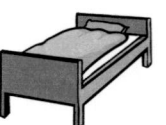

tempat tidur

pat

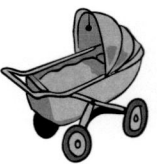

kereta bayi

cărucior de copii

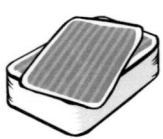

mainan kartu

joc de cărți

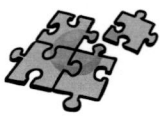

teka-teki

puzzle

SUPER
MEGA

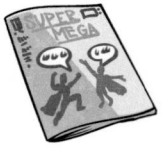

komik

revistă de benzi desenate

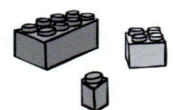

mainan lego

cuburi lego

blok mainan

piese pentru construcţii

figur aksi

personaj din filmele de acţiune

baju monyet

body

frisbee

frisbee

mobile

mobil

permainan papan

joc de societate

dadu

zar

set model kreta api

set trenuleţ de jucărie

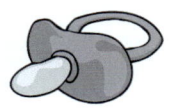

dot

suzetă

pesta

petrecere

buku gambar

carte cu poze

bola

minge

boneka

păpuşă

bermain

a se juca

tempat main pasir

groapă de nisip

ayunan

leagăn

mainan

jucării

video game konsol

consolă video

sepeda roda tiga

tricicletă

teddy

ursuleț

lemari pakaian

dulap

pakaian

îmbrăcăminte

kaos kaki

șosete

kaos kaki

ciorapi

baju ketat

dres

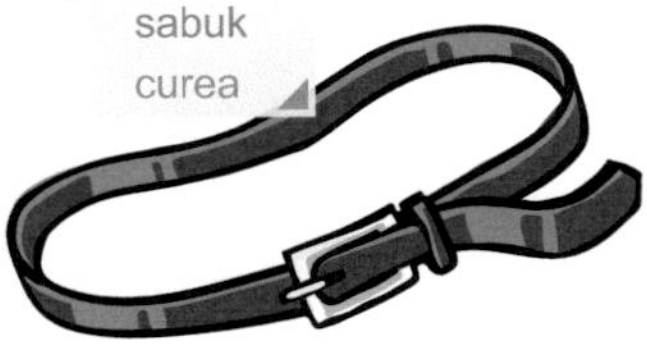

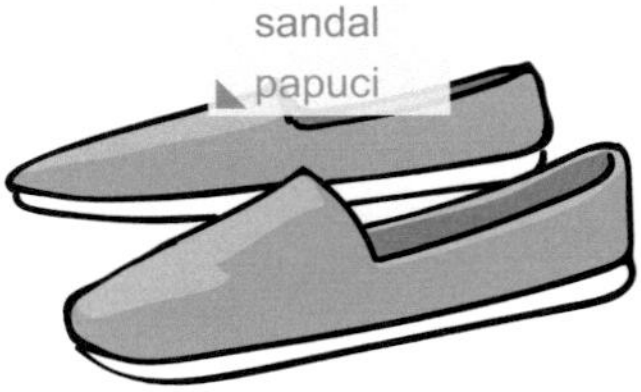

syal
şal

sabuk
curea

payung
umbrelă

kaos
tricou

sepatu bot
cizme

sandal
papuci

sepatu
pantofi sport

sandal

sandale

sepatu

încălţăminte

sepatu bot karet

cizme de cauciuc

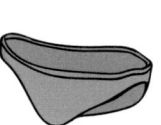

celana dalam

chilot

BH

sutien

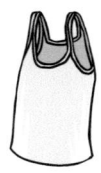

baju rompi

maiou

body

body

celana

pantaloni

jeans

blugi

rok

fustă

blus

bluză

kemeja

cămaşă

aket berkerudung

pulover

sweater

jerseu

jaket

sacou

jaket

jachetă

mantel

palton

jas hujan

pelerină de ploaie

kostum

costum

gaun

rochie

gaun pengantin

rochie de mireasă

setelan resmi

costum

gaun tidur

cămașă de noapte

piyama

pijama

sari

sari

jilbab

batic

turban

turban

burka

burka

kaftan

caftan

abaya

abaya

pakaian renang

costum de baie

celana renang

șort

celana pendek

pantaloni scurți

olah raga

trening

celemek

șorț

sarung tangan

mănuși

kancing

nasture

kacamata

ochelari

gelang

brățară

kalung

lanț

cincin

inel

anting

cercel

topi

căciulă

gantungan mantel

umeraș

topi

pălărie

dasi

cravată

ritsleting

fermoar

helm

cască

tali selempang

bretele

seragam sekolah

uniformă școlară

seragam

uniformă

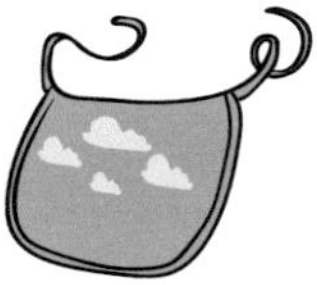

oto

bavețică

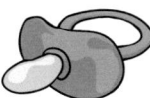

dot

suzetă

popok

scutec

kantor
birou

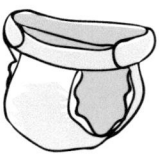

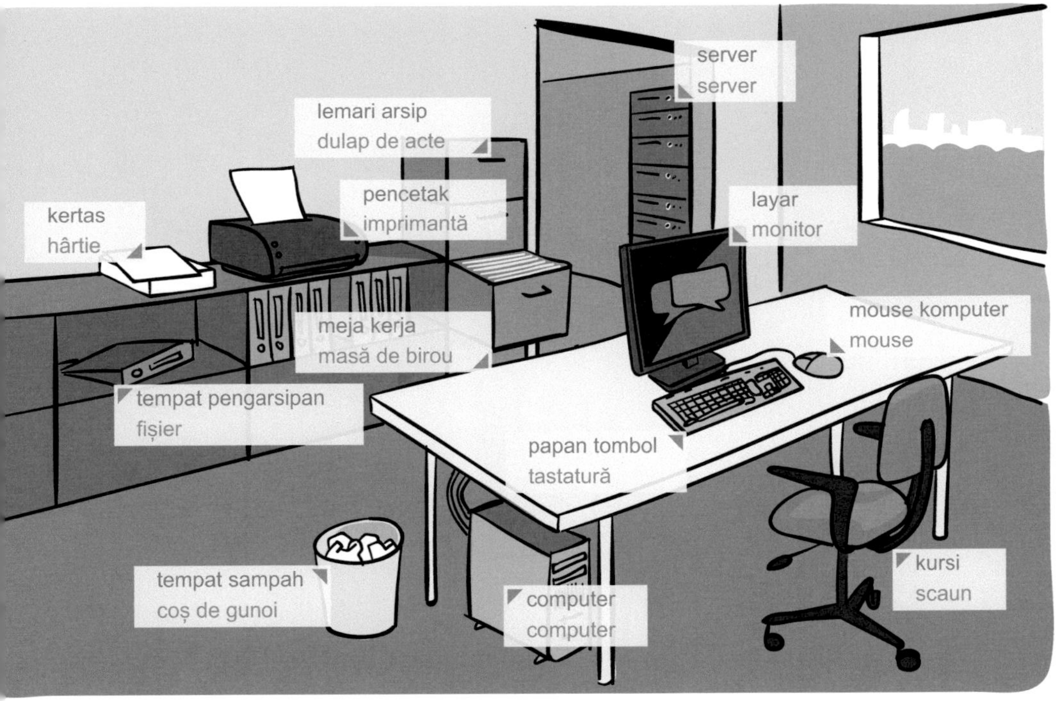

server
server
lemari arsip
dulap de acte
pencetak
imprimantă
kertas
hârtie
layar
monitor
meja kerja
masă de birou
mouse komputer
mouse
tempat pengarsipan
fișier
papan tombol
tastatură
tempat sampah
coș de gunoi
computer
computer
kursi
scaun

cangkir kopi

ceașcă de cafea

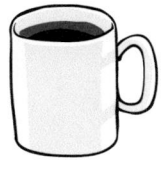

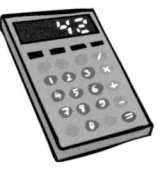

kalkulator

calculator

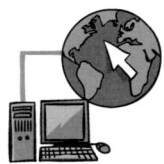

internet

internet

laptop
laptop

surat
scrisoare

pesan
mesaj

telepon seluler
telefon mobil

jaringan
rețea

fotokopi
copiator

software
software

telepon
telefon

plug soket
priză

mesin fax
fax

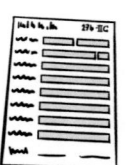

formulir
formular

dokumen
document

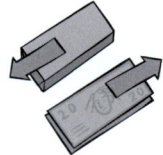

membeli

a cumpăra

membayar

a plăti

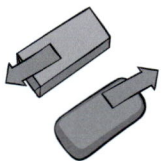

berdagang

a face comerț

uang

bani

Dollar

Dolar

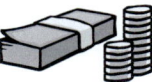

Euro

Euro

Yen

Yen

Rubel

Rublă

Franc Swiss

Franc Elvețian

Renminbi Yuan

renminbi yuan

Rupiah

Rupie

ATM

bancomat

kantor pertukaran mata uang

casă de schimb valutar

emas

aur

perak

argint

minyak

petrol

energi

energie

harga

preţ

kontrak

contract

pajak

impozit

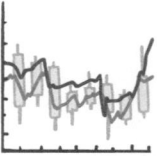

saham

acţiune

bekerja

a munci

karyawan

angajat

majikan

angajator

pabrik

fabrică

toko

magazin

pekerjaan
ocupații

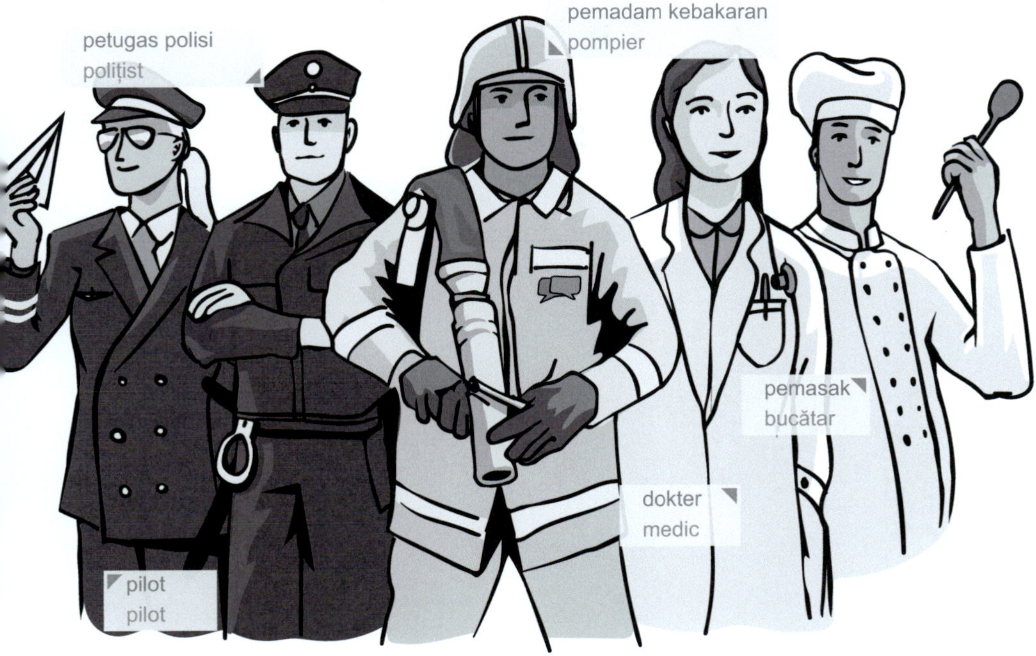
petugas polisi
polițist
pemadam kebakaran
pompier
pemasak
bucătar
dokter
medic
pilot
pilot

tukan kebun

grădinar

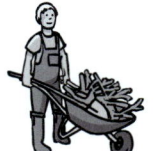

tukang kayu

tâmplar

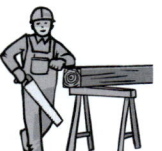

penjahit wanita

cusătoreasă

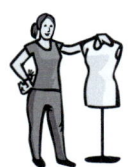

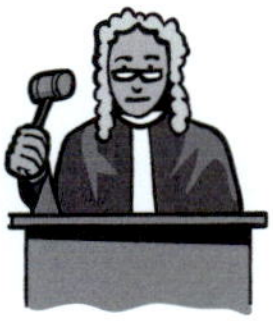

hakim

judecător

ahli kimia

chimist

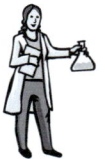

aktor

actor

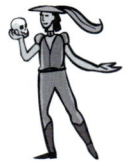

sopir bis

șofer de autobuz

sopir taksi

șofer de taxi

nelayan

pescar

pembantu

femeie de serviciu

tukang atap

tinichigiu

pelayan

chelnăr

pemburu

vânător

pelukis

pictor

tukang roti

brutar

tukang listrik

electrician

pembangun

muncitor în construcții

insinyur

inginer

tukang daging

măcelar

tukang ledeng

instalator

tukang pos

poștaș

tentara

soldat

arsitek

arhitect

kasir

casier

penjual bunga

florar

penata rambut

frizer

konduktor

controlor

montir

mecanic

kapten

căpitan

dokter gigi

stomatolog

ilmuwan

om de știință

rabbi

rabin

imam

imam

biarawan

călugăr

pendeta

preot

palu
ciocan

tang
cleşte

obeng
şurubelniţă

kunci
cheie

obor
lanternă

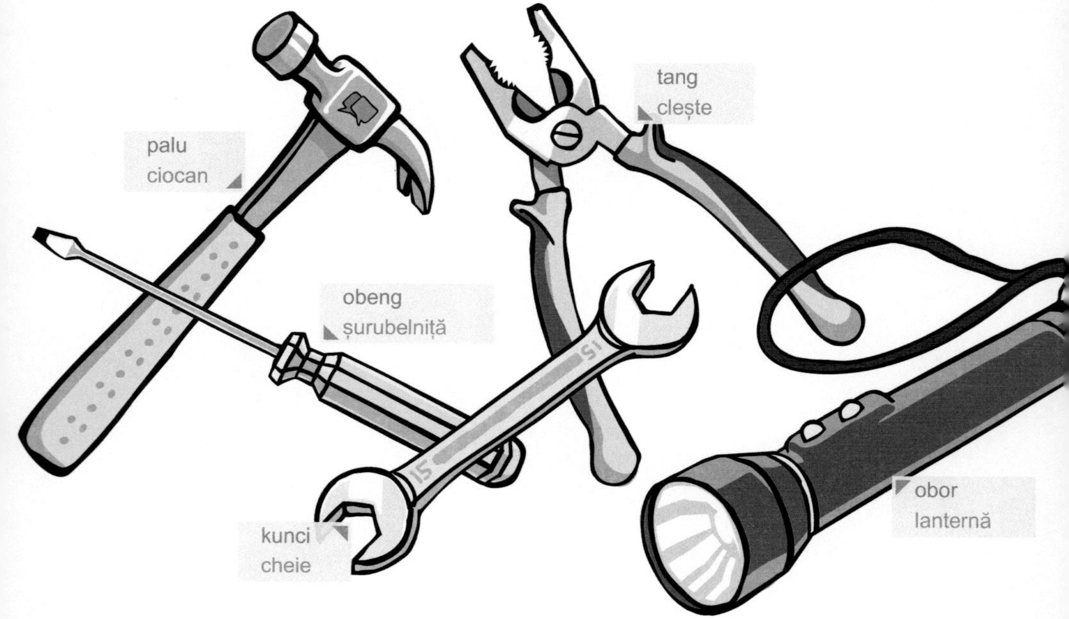

penggali

excavator

tas perkakas

cutie de scule

tangga

scară

gergaji

ferăstrău

paku

cuie

bor

burghiu

alat - instrumente

perbaikan

a repara

sekop

lopată

Sialan!

La naiba!

cikrak

făraș

pot cat

vas pentru vopsea

sekrup

șuruburi

alat musik
instrumente muzicale

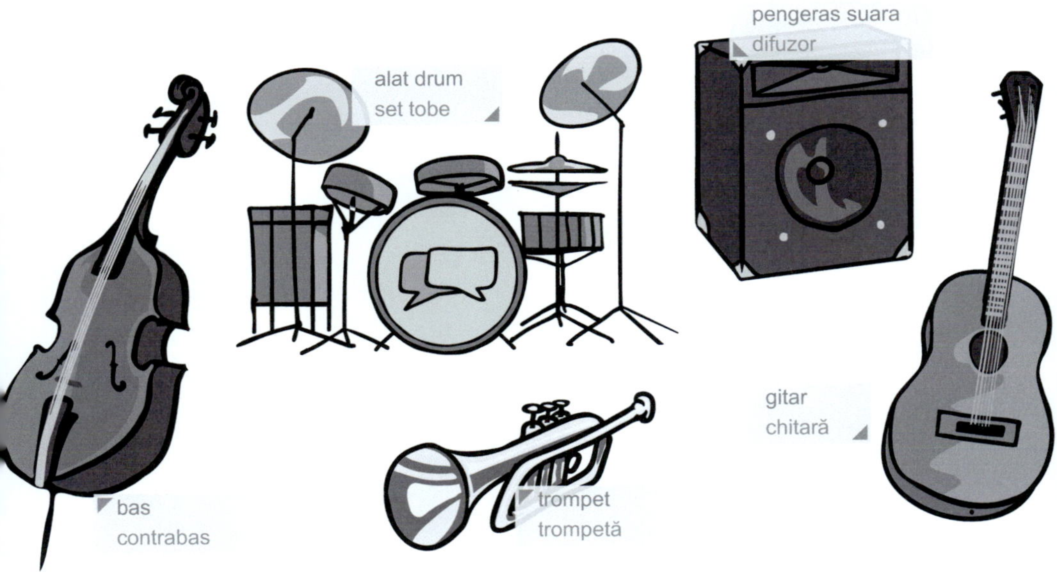

alat drum
set tobe

pengeras suara
difuzor

bas
contrabas

trompet
trompetă

gitar
chitară

piano

pian

violin

vioară

bass

bas

tambur

trombon

drum

tobă

keyboard

keyboard

saksofon

saxofon

suling

fluier

mikrofon

microfon

kebun binatang
grădină zoologică

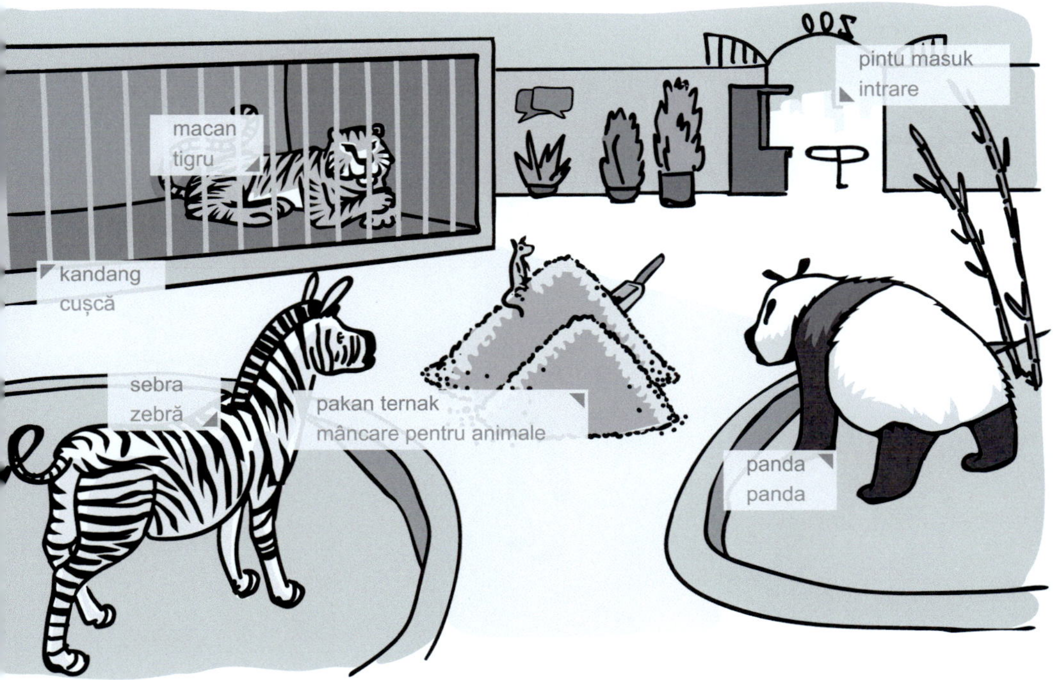
pintu masuk
intrare
macan
tigru
kandang
cușcă
sebra
zebră
pakan ternak
mâncare pentru animale
panda
panda

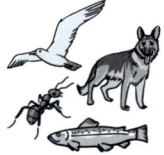

hewan
animale

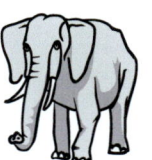

gajah
elefant

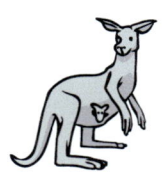

kanguru
cangur

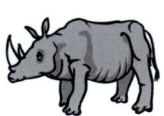

badak
rinocer

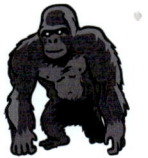

gorila
gorilă

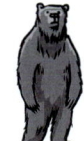

beruang
urs

unta

cămilă

burung unta

struț

singa

leu

monyet

maimuță

flamingo

flamingo

burung beo

papagal

beruang polar

urs polar

penguin

pinguin

hiu

rechin

merak

păun

ular

șarpe

buaya

crocodil

penjaga kebun binatang

îngrijitor grădina zoologică

segel

focă

jaguar

jaguar

kebun binatang - grădină zoologică

kuda poni

ponei

macan tutul

leopard

kuda nil

hipopotam

jerapah

girafă

burung elang

acvilă

babi jantan

porc mistreț

ikan

pește

kura-kura

broască țestoasă

anjing laut

morsă

rubah

vulpe

kijang

gazelă

american football
fotbal american

naik sepeda
ciclism

tennis
tenis

basketbal
basketball

bernang
înot

tinju
box

hoki es
hockey pe gheață

sepak bola
fotbal

badminton
badminton

atletik
atletism

bola tangan
handbal

main ski
schi

polo
polo

aktivitas
activități

ketawa
a râde
meloncat
a sări
memeluk
a îmbrățișa
berjalan
a merge
menyanyi
a cânta
mengimpi
a visa
berdoa
a se ruga
mencium
a săruta

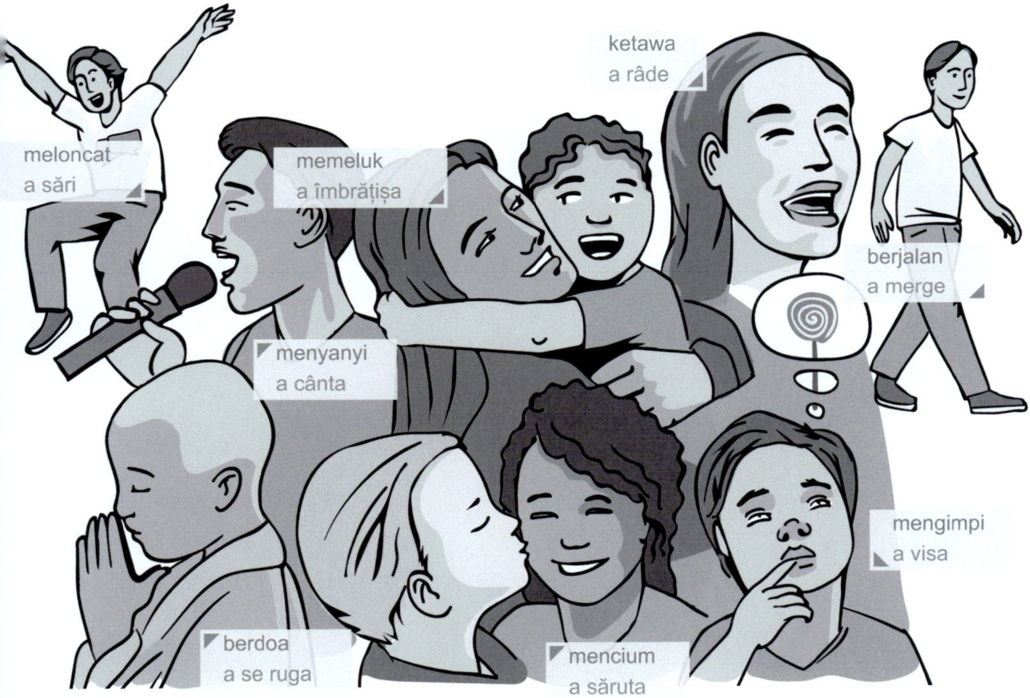

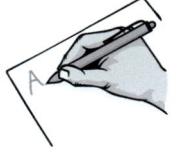

menulis
a scrie

melukis
a desena

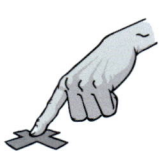

menunjuk
a arăta

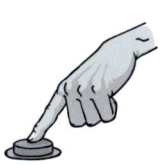

mendorong
a împinge

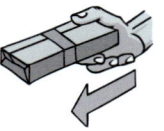

memberikan
a da

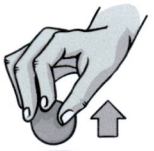

mengambil
a lua

mempunyai

a avea

melakukan

a face

adalah

a fi

berdiri

a sta în picioare

berlari

a fugi

menarik

a trage

melempar

a arunca

jatuh

a cădea

tidur

a sta întins

menunggu

a aștepta

membawa

a purta

duduk

a ședea

berpakaian

a se îmbrăca

tidur

a dormi

bangun

a se trezi

aktivitas - activități

melihat

a privi

menangis

a plânge

mengelus

a mângâia

menyisir

a se pieptăna

berbicara

a vorbi

mengerti

a înțelege

menanyak

a întreba

mendengar

a asculta

minum

a bea

makan

a mânca

merapikan

a face ordine

cinta

a iubi

memasak

a găti

menyetir

a conduce

terbang

a zbura

berlayar

a naviga

menghitung

a calcula

membaca

a citi

belajar

a învăța

bekerja

a munci

menikah

a se căsători

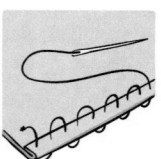

menjahit

a coase

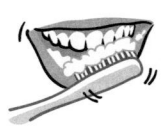

sikat gigi

a se spăla pe dinți

membunuh

a ucide

merokok

a fuma

kirim

a trimite

keluarga
familie

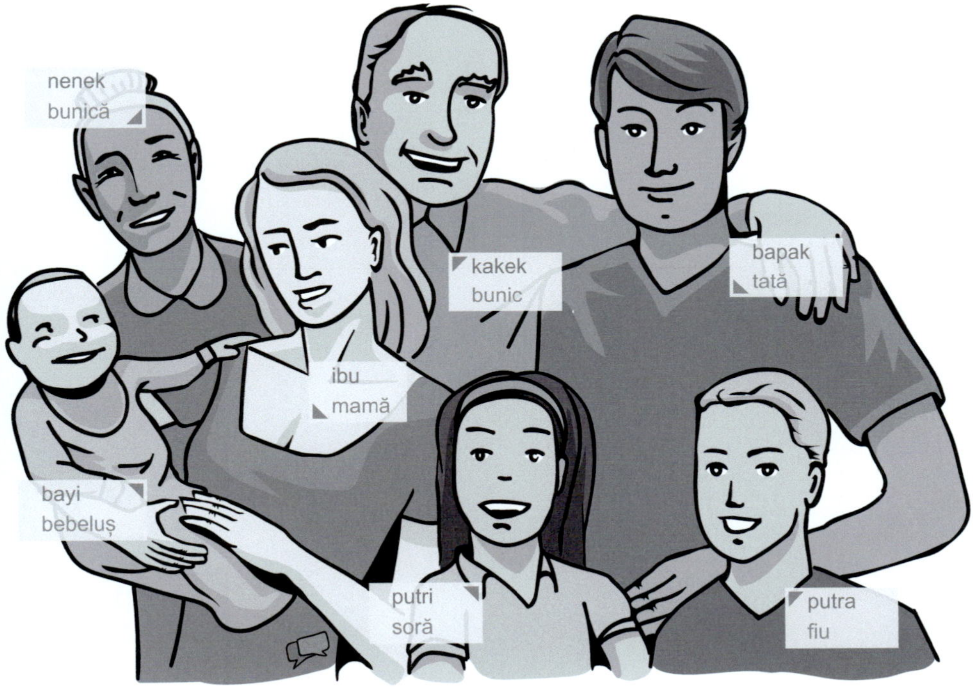
nenek
bunică
kakek
bunic
bapak
tată
ibu
mamă
bayi
bebeluș
putri
soră
putra
fiu

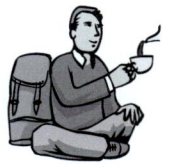

tamu

oaspete

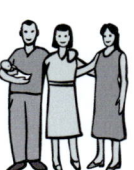

bibi

mătușă

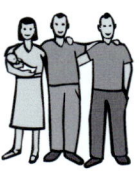

paman

unchi

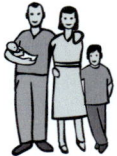

kakak laki

frate

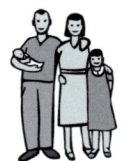

kakak perempuan

soră

badan

corp

dahi
frunte
mata
ochi
bahu
umăr
jari
deget
muka
față
dagu
bărbie
tangan
mână
kaki
picior
payudara
piept
lengan
braț

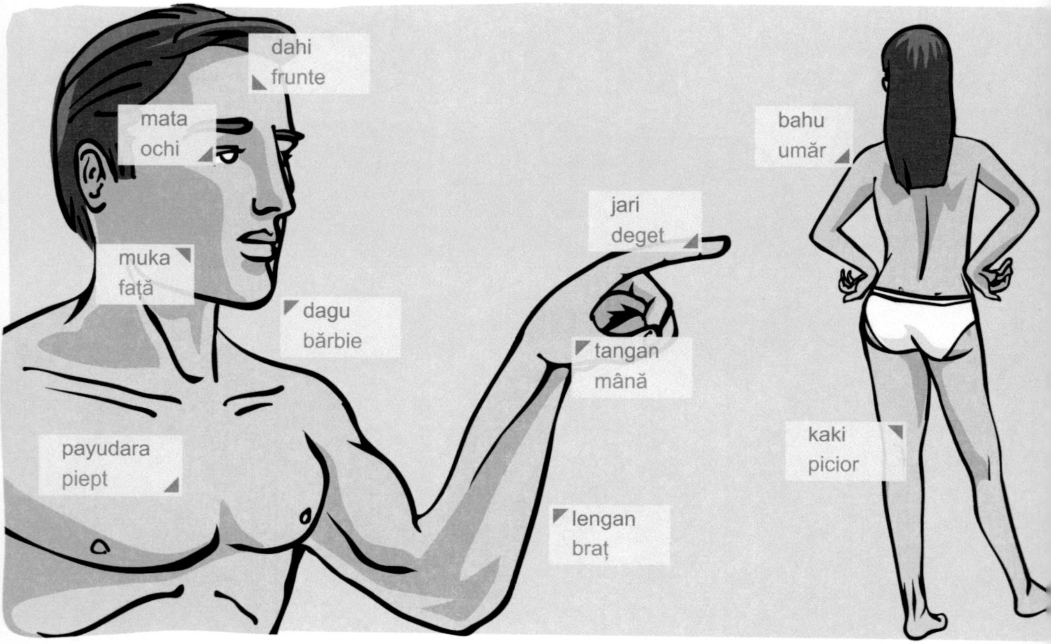

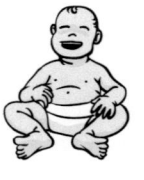

bayi
bebeluș

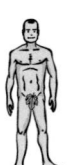

pria
bărbat

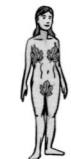

wanita
femeie

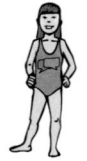

perempuan
fată

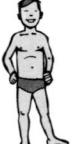

laki
băiat

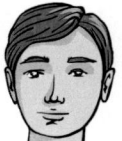

kepala
cap

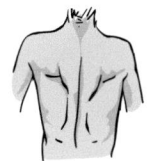

punggung

spate

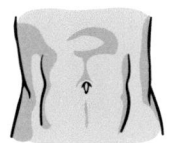

perut

abdomen

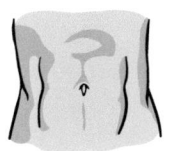

pusar

ombilic

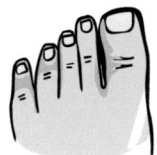

toe

deget de la picior

tumit

călcâi

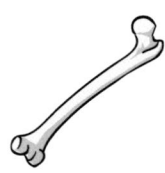

tulang

os

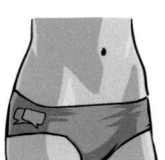

pinggang

șold

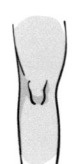

lutut

genunchi

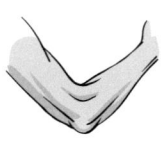

siku

cot

hidung

nas

pantat

fund

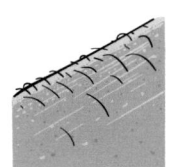

kulit

piele

pipi

obraz

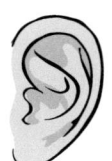

telinga

ureche

bibir

buză

mulut

gură

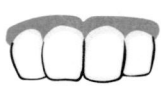

gigi

dinte

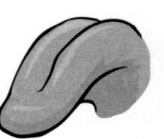

lidah

limbă

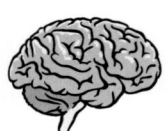

otak

creier

jantung

inimă

otot

mușchi

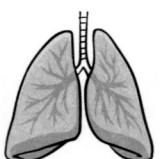

paru-paru

plămân

hati

ficat

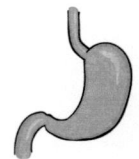

stomach

stomac

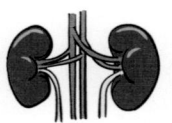

ginjal

rinichi

hubungan seks

sex

kondom

prezervativ

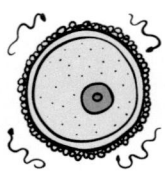

sel telur

ovul

sperma

spermă

kehamilan

sarcină

badan - corp

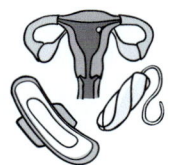

menstruasi

menstruaţie

vagina

vagin

penis

penis

alis

sprânceană

rambut

păr

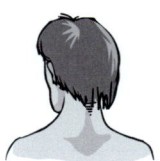

leher

gât

rumah sakit
spital

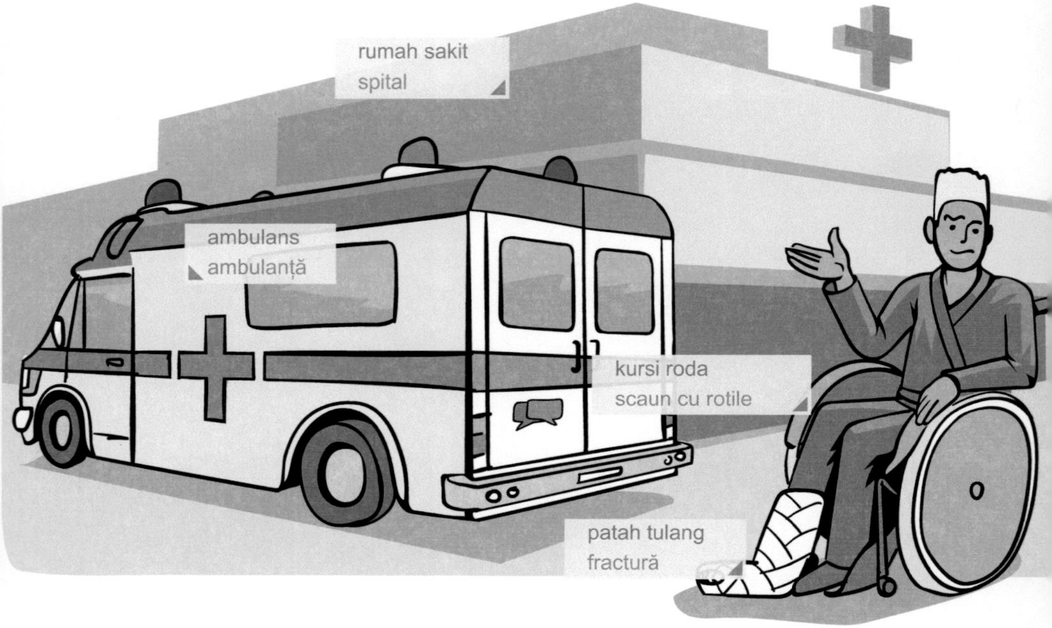

rumah sakit
spital
ambulans
ambulanță
kursi roda
scaun cu rotile
patah tulang
fractură

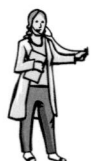

dokter

medic

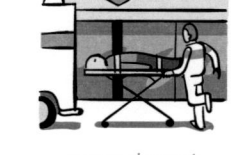

ruang darurat

unitate de primiri urgențe

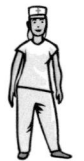

perawat

soră medicală

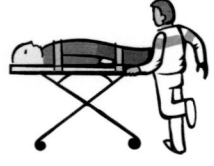

darurat

urgență

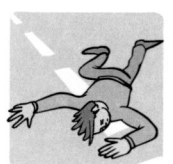

semaput

inconștient

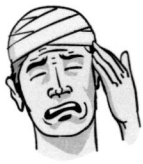

sakit

durere

cedera

leziune

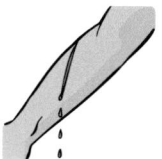

perdarahan

sângerare

serangan jantung

infarct miocardic

stroke

atac cerebral

alergi

alergie

batuk

tuse

demam

febră

flu

gripă

diare

diaree

sakit kepala

durere de cap

kanker

cancer

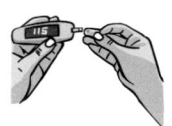

diabetes

diabet

ahli bedah

chirurg

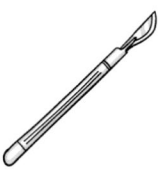

pisau bedah

scalpel

operasi

operație

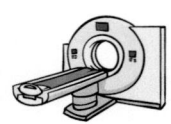

CT
CT

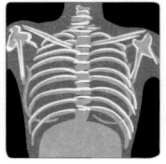

sinar x
raze Röntgen

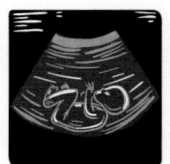

usg
ultrasunet

topeng
mască

penyakit
boală

ruang tunggu
sală de așteptare

penyokong
cârjă

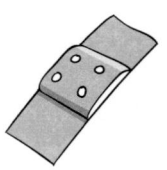

plester
plasture

perban
bandaj

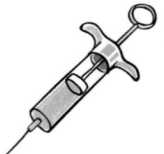

injeksi
injecție

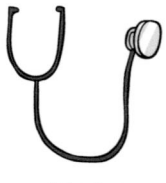

stetoskop
stetoscop

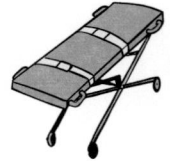

usungan
targă

termometer klinis
termometru

kelahiran
naștere

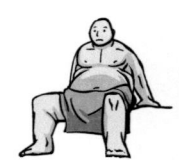

kelebihan berat badan
supraponderabilitate

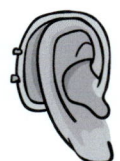

alat pendengar

aparat auditiv

desinfektan

dezinfectant

infeksi

infecție

virus

virus

HIV / AIDS

HIV/SIDA

obat

medicină

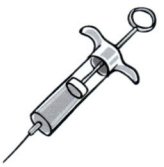

vaksinasi

vaccin

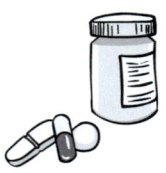

tablet

tablete

pil

pastilă

panggilan darurat

apel de urgență

ukur tekanan darah

aparat de măsurare a
presiunii arteriale

sakit / sehat

bolnav/sănătos

Tolong!

Ajutor!

penyerbuan

agresiune

alarm

alarmă

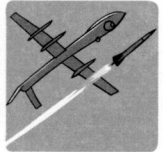

serangan

atac

bahaya

pericol

pintu darurat

ieşire de urgenţă

Api!

Foc!

alat pemadam kebakaran

extinctor

kecelakaan

accident

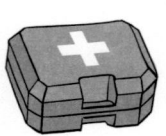

kit pertolongan pertama

trusă de prim-ajutor

SOS

SOS

polisi

poliţie

Eropa

Europa

Amerika Utara

America de Nord

Amerika Selatan

America de Sud

Afrika

Africa

Asia

Asia

Australi

Australia

Atlantik

Altantic

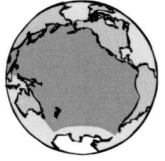

Pasifik

Pacific

Samudra India

Oceanul Indian

Samudra Antartika

Oceanul Antarctic

Samudra Arktik

Oceanul Arctic

kutub utara

Polul Nord

kutub selatan

Polul Sud

Antarktika

Antarctica

bumi

pământ

tanah

țară

laut

mare

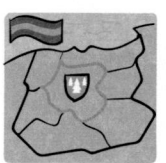

pulau

insulă

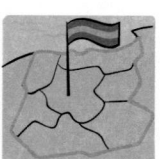

bangsa

națiune

negara

stat

jam wajah

cadran

jarum pendek

orar

jarum menit

minutar

jarum detik

secundar

Jam berapa?

Cât e ceasul?

hari

zi

waktu

timp

sekarang

acum

jam digital

cead digital

menit

minut

jam

oră

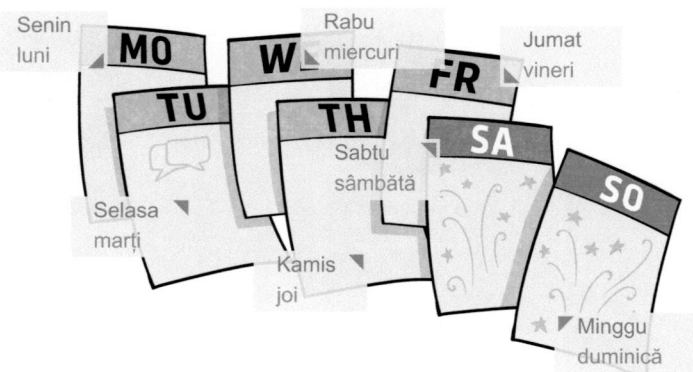

Senin / luni — MO
Rabu / miercuri — W
Jumat / vineri — FR
TU
TH
Sabtu / sâmbătă — SA
Selasa / marți — SO
Kamis / joi
Minggu / duminică

kemaren

ieri

hari ini

azi

besok

mâine

pagi

dimineață

siang

amiază

malam

seară

MO	TU	WE	TH	FR	SA	SU
1	2	3	4	5	6	7
8	9	10	11	12	13	14
15	16	17	18	19	20	21
22	23	24	25	26	27	28
29	30	31	1	2	3	4

hari kerja

zile lucrătoare

MO	TU	WE	TH	FR	SA	SU
1	2	3	4	5	6	7
8	9	10	11	12	13	14
15	16	17	18	19	20	21
22	23	24	25	26	27	28
29	30	31	1	2	3	4

akhir minggu

week-end

tahun

an

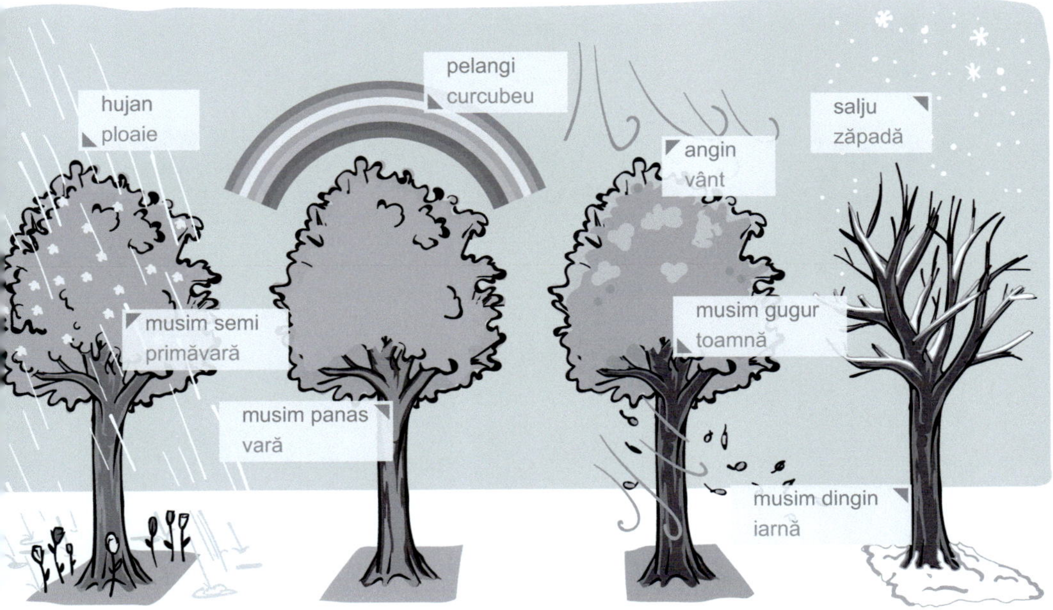

hujan
ploaie
pelangi
curcubeu
angin
vânt
salju
zăpadă
musim semi
primăvară
musim gugur
toamnă
musim panas
vară
musim dingin
iarnă

4.APRIL 11°
5.APRIL 4°
6.APRIL 13°
7.APRIL 8°
8.APRIL 10°

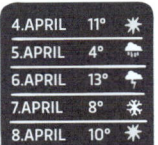

ramalan cuaca

prognoză meteo

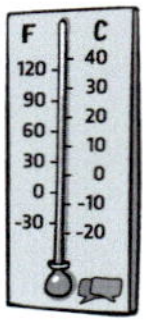

F C
120 40
90 30
60 20
30 10
0 0
-30 -10
-20

termometer

termometru

matahari

lumina soarelui

awan

nor

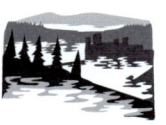

kabut

ceață

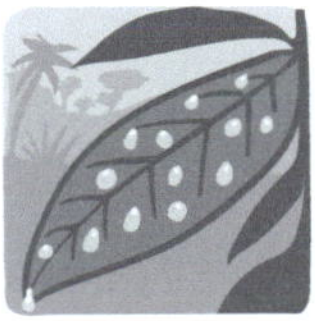

kelembahan

umiditate a aerului

kilat

fulger

guntur

tunet

badai

furtună

hujan es

grindină

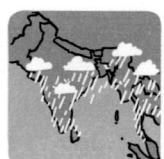

monsun

muson

banjir

inundaţie

es

gheaţă

Januari

ianuarie

Februari

februarie

Maret

martie

April

aprilie

Mei

mai

Juni

iunie

Juli

iulie

Agustus

august

September

septembrie

Oktober

octombrie

November

noiembrie

Desember

decembrie

bentuk

forme

lingkaran

cerc

persegi

pătrat

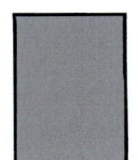

persegi panjang

dreptunghi

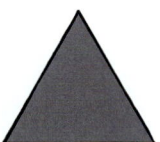

segi tiga

triunghi

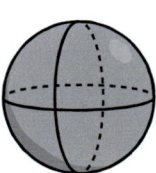

bola

sferă

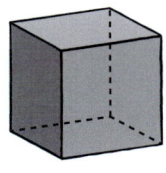

kubus

cub

putih

alb

kuning

galben

oranye

portocaliu

pink

roz

merah

roșu

ungu

violet

biru

albastru

hijau

verde

coklat

maro

abu-abu

gri

hitam

negru

banyak / sedikit

mult/puțin

marah / tenang

furios/calm

cantik / jelek

frumos/urât

mulaih / selesai

început/sfârșit

besar / kecil

mare/mic

terang / gelap

luminos/întunecat

saudara laki-laki / saudara perempuan

frate/soră

bersih / kotor

curat/murdar

lengkap / tidak lengkap

complet/incomplet

hari / malam

zi/noapte

mati / hidup

mort/viu

luas / sempit

lat/strâmt

dapat dimakan / tidak dapat dimakan

comestibil/necomestibil

jahat / baik

rău/prietenos

bersemangat / bosan

emoționat/plictisit

gemuk / kurus

gras/slab

pertama / terakhir

primul/ultimul

teman / musuh

prieten/inamic

penuh / kosong

plin/gol

keras / lembut

tare/moale

berat / enteng

greu/ușor

lapar / haus

foame/sete

sakit / sehat

bolnav/sănătos

ilegal / legal

ilegal/legal

cerdas / bodoh

inteligent/stupid

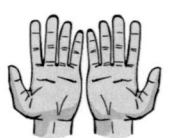

kiri / kanan

stânga/drepta

dekat / jauh

aproape/departe

baru / bekas

nou/uzat

tidak ada apapun / sesuatu

nimic/ceva

tua / muda

bătrân/tânăr

nyala / mati

pornit/oprit

buka / tutup

deschis/închis

tenang / keras

încet/tare

kaya / miskin

bogat/sărac

benar / salah

corect/fals

kasar / halus

aspru/neted

sedih / gembira

trist/fericit

pendek / panjang

lung/scurt

pelan-pelan / cepat

încet/repede

basah / kering

ud/uscat

hangat / sejuk

cald/rece

perang / damai

război/pace

0

nol

zero

1

satu

unu

2

dua

doi

3

tiga

trei

4

empat

patru

5

lima

cinci

6

enam

șase

7

tujuh

șapte

8

delapan

opt

9

sembilan

nouă

10

sepuluh

zece

11

sebelas

unsprezece

12	**13**	**14**
duabelas	tigabelas	empatbelas
douăsprezece	treisprezece	paisprezece
15	**16**	**17**
limabelas	enambelas	tujuhbelas
cincisprezece	șaisprezece	șaptesprezece
18	**19**	**20**
delapanbelas	sembilanbelas	duapuluh
optsprezece	nouăsprezece	douăzeci
100	**1.000**	**1.000.000**
seratus	seribu	juta
o sută	o mie	un milion

Inggris

engleză

bahasa Inggris Amerika

engleză americană

bahasa Cina Mandarin

chineza mandarină

bahasa Hindi

hindi

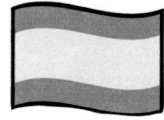

bahasa Spanyol

spaniolă

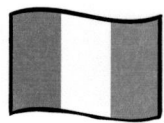

bahasa Perancis

franceză

bahasa Arab

arabă

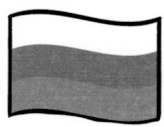

bahasa Rusia

rusă

bahasa Portugis

protugheză

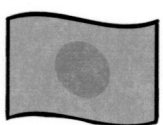

bahasa Bengal

bengaleză

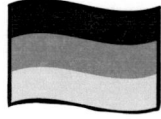

bahasa Jerman

germană

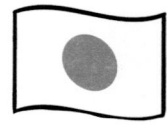

bahasa Jepang

japoneză

saya

eu

kamu

tu

dia

el/ea

kita

noi

kalian

voi

mereka

ea

siapa?

cine?

apa?

ce?

begaimana?

cum?

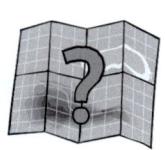

dimana?

unde?

kapan?

când?

nama

nume

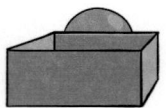

dibelakang

în spate

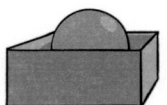

di

în

didepan

înainte

diatas

peste

diatas

pe

dibawah

sub

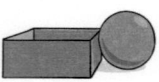

sebelah

lângă

di antara

între

tempat

loc